I0697237

Emmanuel MICHA

# LA DÉMISSION DE L'HUMAIN

Constat d'une trahison

©Emmanuel_MICHA_Éditions
ISBN : 9798398621853
Dépôt légal : Juillet 2023

# LA DÉMISSION DE L'HUMAIN

Constat d'une trahison

# Préface

Cette époque représente une période sociétale charnière, et peut-être de transition vers un système qui nous impose, de par sa constitution nouvelle, des pratiques procédurales et comportementales au niveau des institutions et du management, qui dépouillent l'individu de ses caractéristiques humaines. Mais dans quel but ?

En l'absence de repères, de sens, d'une vision claire, et d'objectifs donnant un sens à sa vie professionnelle, l'individu s'isole en se désolidarisant de son institution, ne percevant plus sa place, et encore moins son rôle.

L'intelligence artificielle n'arrange rien avec progressivement, sa mise en œuvre, visant à détrôner l'homme au travers de procédures de contrôle, et promouvant une doxa dont on peut s'interroger sur ses origines douteuses.

La mondialisation englobe tout et n'importe quoi. Elle vise à déstructurer et annihiler l'État-nation dans son intégralité. Les concepts fondamentaux de l'État-nation, sa culture, sa religion, ses valeurs, sa langue nationale, ses caractéristiques, ses pratiques, son éducation, ses racines, sa position géographique avec ses frontières, sa sécurité avec son système de défense, sa solidarité, l'identité référentielle de l'individu, l'appartenance de l'individu à son pays duquel il tire sa fierté d'habiter à cet endroit précis et d'en apprécier sa beauté, sa géographie et son histoire, en bref, tout passe à la trappe avec la survenance de nouvelles tendances mises en avance par le forum du WEF de Davos au nom de l'efficacité de la globalisation, et du Great Reset, qui vise à transformer l'individu apatride, en citoyen du monde.

La sonnette d'alarme est tirée à propos de ce que ces stratégies dissimulent perfidement.

Le signe anglophone LGBTQIA+ ou le dernier en date, le LGBTQQI2SAA, qui représente le lexique de toutes les orientations sexuelles existantes, semble avoir une portée bien plus significative qu'un simple bracelet arc-en-ciel que les Directeurs distribuent presque innocemment dans les écoles pour nos adolescents, manipulés à leur insu. Que se cache-t-il derrière cette reconnaissance unanime, et si officielle de ce mouvement minoritaire qui n'intéressait personne il y a encore deux ans ?

Cela fait sourire bon nombre de gens, idem pour le Wokisme, cette nouvelle tendance prêchant pour les égalités raciales, et pour reconnaître consciemment la justice sociale.

Accueillons avec suspicion la fabrication du « Cancel Culture » (culture de l'effacement appelant au boycott d'une personne ayant eu des propos jugés non appropriés ou problématiques), faisant ras de toute l'histoire en supprimant des œuvres d'art du passé possédant des connotations colonialistes, des statues historiques comme celle de Churchill, taguée de raciste, la statue de l'ex-roi des Belges Léopold II enlevée à Anvers en Belgique, en interdisant des cérémonies, en remplaçant certains lieux de culte, les noms évocateurs des fêtes chrétiennes remplacés par les vacances de détente ou de fin d'année, des films sur l'esclavage censurés, les bandes dessinées de Tintin critiquées, l'histoire des 7 nains également, car ceux-ci étant discriminés par la taille, la Belle au bois dormant à cause du baiser, des romans historiques et des contes comme « Le Petit Prince » d'Antoine de Saint-Exupéry transmettant pourtant des messages de tolérance, des propos sur les médias sociaux, des publicités du style « Uncle Ben's » jugées racistes. Il en va de même de l'expulsion de toute personne de tout réseau social ou professionnel, pour remettre tout à zéro et dénonçant l'intolérance à l'égard d'opinions divergentes !

Peut-on dès lors s'interroger sur le fond qui, influencé par ces comportements, muselle l'échange libre des opinions qui sont le moteur même des sociétés libérales ? Je ne parle même pas de la sirène noire qui a remplacé Ariel, l'héroïne rousse des studios Disney, cette hérésie détruisant l'œuvre et trahissant le Conte d'Anderson, le personnage étant scandinave, et ayant la vision de sa sirène blanche à la peau fine et transparente. Quoi de plus normal pour un nordique !

C'est là justement que le racisme et l'intolérance radicale se situent, en n'acceptant pas l'histoire, ou l'histoire d'un autre peuple dans lequel l'individu a immigré. Citons encore l'absence du Père Fouettard grimé en noir[1], serviteur de

---

[1] *Zwarte Piet liée à l'esclavage de l'époque et à la colonisation des pages africains par la noblesse portugaise pour Elmer Kolfin, Hanscroufe en Wallonie, et Hans Trapp en Alsace.*

Saint Nicolas, le Saint Patron des enfants ayant vraiment existé comme évêque de Myre en Asie Mineure (Turquie actuelle) au XVIe siècle.

Aux États-Unis, un autre personnage terrifiant, un croquemitaine (Bogeyman) terrorise les enfants. En niant la réalité de l'histoire, veut-on la réécrire à notre convenance en la modifiant ?

On peut également avoir une version plus jaune de tous les personnages pour satisfaire les désirs de nos amis asiatiques qui n'y trouvent certainement pas leurs comptes ?! On ne les retrouve pourtant pas parmi les plaignants, car ils possèdent leurs propres idoles et coutumes, et ne les imposent pas aux autres nations.

Cela provoque des réactions épidermiques logiques de dénis de culture. Est-ce que les blancs dénigrent la poupée noire aux cheveux crépus, « Mami Wata » en Afrique ? À chacun sa culture et ses idoles. On pourrait colorer les statues d'Elwis Presley en noir ou en jaune également pour rester dans l'absurdité de cette idéologie extrémiste.

Comme rapportait mon amie, la célèbre chroniqueuse et Keynote speaker de FOX News Laura Ingraham dans son best-seller « Power to the People » : à chacun sa culture, sa religion, ses coutumes, et à chacun son pays… à l'accepter en l'intégrant pleinement avec ses « us »[2], ou à le quitter dans le cas contraire, sans essayer de le changer en imposant des valeurs non représentatives et venues d'ailleurs.

---

[2] *usages*

Ces comportements visant à tout changer peuvent nous interpeller et masquer une forme d'invasion en voulant transformer l'individu et changer la culture originale du pays.

Cela ferait-il partie de la stratégie du remplacement de la race blanche ? Il est évident qu'avec la progression actuelle et future de l'inflation monétaire en Afrique et dans les pays pauvres, l'Europe est vouée dans un futur proche à une vague massive de migrants, et ce, dès les prochaines années. Il faut absolument prévoir un encadrement social rigoureux pour faciliter l'intégration en posant des conditions, sans quoi les affrontements se feront de plus en plus nombreux et les rixes de plus en plus violentes face aux débordements qui seront à prévoir.

Le problème de ces mouvements aux idées radicalistes, est que ce n'est pas en optant pour une attitude de tout critiquer, et de se positionner en victime, que les choses vont changer. Pour cela, il faut travailler et apporter une contribution intelligente au processus de réflexion pour une intégration fructifiante, et en fin de compte heureuse pour tous. En fait, cette population se fait manipuler, et n'est qu'un instrument d'une stratégie globaliste pour diviser les peuples. L'élite internationale ou européenne connaît parfaitement la problématique que cela va engendrer, et elle compte justement sur ces conflits pour diviser la société, la fragiliser et l'affaiblir, pour mieux s'imposer par la suite afin de contrôler plus facilement la population désorientée avec des méthodes de contrôle total comme les QR codes pour les accès et voyages, ou des pass sanitaires folkloriques[3] qui seront imposés.

La dépréciation et les attaques contre tout ne sont-elles pas le signe non seulement d'un déclin sociétal, mais aussi le marqueur d'une population marginale en perte de repères, des êtres en souffrance et en errance, incapables de s'intégrer socialement, de comprendre l'histoire qui a précédé leur naissance (pas leur histoire à eux), spirituellement nulle part, faute d'initiation et de culture, et probablement au chômage, faute d'avoir un bagage intellectuel, ou des qualifications utiles à la société ?

Il est certes plus facile de rejeter tout en bloc sans avoir un débat avec la pose d'une réflexion. Cela représente un indice d'appauvrissement de la race humaine qui se dégrade rapidement. Aux yeux de l'Élite dirigeante, il faut soumettre cette population à une autorité de contrôle centralisée, plutôt que de leur apporter de l'aide et du support.

Il serait difficile d'écrire ce livre sur la trahison de la société, sans parler de l'adoption du système de crédit social venu tout droit de Chine, et applaudit des deux mains par nos dirigeants européens, encouragé par Mr Klaus Schwab, Président de WEF de Davos, dont le fils est à la tête du bureau de Pékin. « Business is Business » pour la famille Schwab comme tout bon philanthrope (d'abord, penser à soi-même et éventuellement aux autres après).

---

[3] *Mensonge planétaire sur le pass vaccinal et sur l'efficacité du vaccin n'ayant jamais été testé pour réduire la contagion du virus, ni même d'en amoindrir la sévérité pathogénique.*

Avec l'introduction simultanée des nouvelles tendances, on assiste à un effet en cascade ou à l'effet domino, qui est une réaction en chaîne qui se produit lorsqu'un changement provoque un changement comparable à proximité, et que celui-ci provoquera un changement similaire jusqu'à la fin de la séquence. C'est une façon métaphorique d'illustrer le fait qu'une action est auto suffisante pour faire tomber un système sociétal et déresponsabiliser ses institutions, en « activant » quasi simultanément ces nouveaux concepts.

Mais qui les a activés et dans quel but ?

Le nominisme (anciennement nominalisme) dans les fonctions, cette doctrine philosophique considère que les noms qui se rapportent à la fonction ne sont que des constructions de l'esprit et des conventions de langage. Le nom devrait normalement apporter la logique du sens. Or, de nouveaux vocables fleurissent afin d'opacifier, soit la fonction d'un agent, soit celle d'un département ou d'une unité (fantôme), soit pour baptiser des concepts (boîte fourre-tout) dont on ne sait quoi faire.

Rentrons dans le cœur du sujet avec le travail et le lieu d'épanouissement (ou non) où s'accomplit ce travail.
De nouvelles pratiques managériales introduisent le « bonheurisme » et « l'infantilisation » sur le lieu de travail.
Ces concepts, que nous aborderons séparément plus loin, ne représentent au départ que des curiosités suspectes ou puériles, mais qui intelligemment regroupées comme les pièces d'un puzzle, interpellent sur une tendance générale qui pourrait révéler être une stratégie déstabilisant l'individu, le rendre immature, l'affaiblissant, le rendant dépendant du système, et incapable de prendre des décisions seuls, avec en

parallèle l'apparition du totalitarisme digital qui ferait hégémonie, en imposant un contrôle total sur notre vie (emploi du temps, contrôle du bonheur, des activités, des déplacements, de la santé avec le nouveau Health Digital Certificate, nouvelle création de l'OMS comme source de revenus). Le contrôle des dépenses fera partie de ces mesures coercitives avec l'abolition de l'utilisation de l'argent en espèce, ainsi que la subordination de l'homme à des robots, tout ceci répondant à un agenda de 2030 fort réaliste et déjà partiellement en place.

L'introduction de la monnaie numérique pour 2027 avec la suppression du cash progressif répond également à cette argumentation du contrôle des dépenses et du traçage de l'individu. Toute transaction supérieure à 1000 euros ne peut plus se faire dorénavant en espèce, dixit Christine Lagarde Directrice du FMI, ayant décidé cela à bas bruit. Qui a approuvé cela dans le processus démocratique ? À ma connaissance personne !

Cette réforme fait polémique, car le FMI essaye de se sauver d'autres situations avec des instruments financiers qui ne suffisent plus sur certains marchés (rachat des dettes en permanence) pour masquer la réalité et sa dépendance, et assurer sa survie, avant son explosion et son entière destruction. En fait le FMI est en mode survie.

Un revenu minimum (et maximum) obligatoire pour tous (sauf pour ceux qui l'ont décidé) serait bientôt imposé également pour niveler les salaires vers le bas. (« Vous n'aurez rien et vous serez heureux » : dixit Klaus Schwab du WEF). Êtes-vous aussi confiant que Christine Lagarde avec la notion innovante de votre portefeuille digital (accès libre, sans risque, et inspirant d'après elle, sans pour autant ne plus se reposer sur une contrepartie en valeur or) avec une date de péremption associée, au-delà de laquelle, vos deniers numériques (token) n'auront plus aucune valeur (si vos euros numériques n'auront pas été dépensés entre-temps) ?

N'oublions pas les bitcoins (depuis 2008), et l'Ethereum, moyens cryptoactifs mis au point pour se créer un passage robuste avec la technologie des registres distribués de la blockchain. Que penser de la cryptomonnaie hélicoptère ? Tiens, grand silence… Et le Yuan digital ? Ou encore le « stablecoin » Russe-Iran-Chine ?

N'en parlons pas…et restons confiants surtout. On peut même y mêler des considérations environnementales si on veut (consommation des serveurs électroniques en 2021 (143 TWh) équivalente à la consommation des Pays-Bas cette année-là). Oups, personne n'y avait pensé…

Une émergence d'un nouveau pouvoir inquiète très fortement, car tous les éléments semblent être en place, après avoir tester la docilité des gens (le mensonge éhonté du pass sanitaire) à travers le respect (ou non) du confinement, et de l'imposition indirecte de la vaccination avec un « produit controversé » n'ayant jamais été testé pour son efficacité à réduire la propagation du virus, et possédant des propriétés « étranges » mais bien présentes partout[4], induites par ses composants propriétaires non déclarés (nano-particules de graphène). La pandémie était une belle mise en scène pour l'exercice, et en même temps pour éliminer une partie superflue de la population (15 % annoncé par Bill Gates en 2015).

---

[4] *Dont le but est de traquer clairement la population avec les nanoparticules (identité numérique de l'UE), et de pouvoir le cas échéant affecter son comportement par neurostimulation externe agissant sur la libération (ou sur la privation) des neuromédiateurs dans le cerveau.*

Pourquoi ne pas remettre cela avec une pandémie en 2025[5] avec la création du virus SEERS (Severe Epidemic Enterovirus Respiratory Syndrome) affectant cette fois les plus jeunes et en augmentant la sévérité pathologique (la létalité) ? On en est au stade fictionnel officiellement… Mais officieusement, certains laboratoires tournent étrangement à plein pot, et le Président Biden en profite pour lever des fonds (cela pourra toujours servir).

D'ailleurs la simulation (dans l'hypothèse où cela se produirait) a déjà été faite en Belgique fin 2022. Merci Mr Gates, Bancel, Bourla, et la maison Hopkins au passage, de s'enrichir à nos dépends et sur nos vies cotées en bourse dorénavant (cf. les nombreux brevets déposés par Gates sur le contrôle des activités humaines par la bioélectronique implantée dans le corps humain). Au fait, l'histoire du Covid-19 n'est pas encore terminée avec la détection en Inde et aux États-Unis du variant XBB 1.16 (Acturus infectant majoritairement les vaccinés, avec comme symptôme les yeux rouges dus à une conjonctivite), après que l'on ait eu le variant XBB 1.5. Là aussi, les brevets déposés par le philanthrope sont évocateurs. Les créateurs n'ont peut-être pas pensé aux conséquences des 200 variants se recombinant après la mutation du virus original.

Que penser également de l'élevage intensif par Mr Bill Gates de ses millions de moustiques génétiquement modifiés,

---

[5] *Pandémie annoncée par Bill Gates, Anthony Fauci, le Président Biden (levant déjà des fonds), la Commissaire européenne à la Santé Stella Kyriakides, et le directeur de l'OMS Tedros Ghebreyesus, l'homme aux nombreux scandales dissimulés, à la gestion des fonds douteuse, et étant un élément sous tutelle chinoise. Une pétition demandant sa démission avait circulé récoltant plusieurs millions de signatures.*

porteurs de bactéries pour, au départ, combattre la malaria en Afrique ?

La portée de ses recherches s'arrête-t-elle là ? L'apprenti sorcier pourrait se métamorphoser et ses moustiques devenir porteur de différents vecteurs de propagation de maladies au besoin (bel outil pour une nouvelle pandémie ?).

Bill Gates a investi énormément dans la production des médicaments anti-malaria. Au fait, on vient juste d'apprendre l'apparition de premiers cas de malaria[6] en Floride et au Texas … Étrange, et par quel agent de transmission ? Devinez ! Quelle est la relation de cause à effet ? Ne soyons pas complotistes, c'est juste probablement une pure coïncidence malheureuse…

Quels garde-fous et législations sont mis en place pour prévenir les catastrophes sanitaires, et arrêter ces fous dangereux ? Aucun !

Idem pour les « Chemical Trails », ces traînées chimiques de fumée grise larguée des avions ou des drones, contenant une panoplie de substances métalliques, biologiques et bactériennes en vue de test pour les compagnies pharmaceutiques et des laboratoires agroalimentaires (cf. procès Monsanto).

Dans la rubrique de l'absurdité, accueillons également Memphis Meats qui cultive de la viande artificielle, et fabrique de la viande (avec une imprimante 3D) à partir de cellules animales. Et oui, à nouveau une Start-up de Mr Gates et Mr Brandson. Au fait, le FDA vient de donner son approbation à servir en Floride dans deux restaurants du

---

[6] *Maladie éradiquée depuis 20 ans en Floride et au Texas.*

faux poulet. On peut s'interroger si vraiment le FDA remplit encore sérieusement sa mission d'étude préalable et de précaution, sans avoir aucun recul, ni d'éléments prouvant l'innocuité de ces substances de laboratoire, en autorisant la mise sur le marché de la consommation de pareilles créations chimiques ?

Est-ce là vraiment une idéologie salvatrice et une forme de militantisme pour façonner un monde meilleur en s'attaquant lâchement aux plus jeunes ? Permettez-moi d'en douter un court instant, vu les faits répertoriés !

Sans pour autant en faire un livre avant-gardiste, je préfère émettre un avis philosophique alertant sur cette dégradation et cassure sociale, propice à impacter l'avenir de l'homme en le conduisant à sa perte. Je passerai en revue les techniques de militarisation de l'information, les stratégies d'influence répondant globalement à l'adage de diviser pour mieux régner, et enfin démystifierai certains buts inavoués d'une gouvernance mondiale visant l'asservissement de la population à un système, ainsi que la soumission à une autorité unique, après que les États aient été dissous, ou que leurs fonctions administratives se restreignent à une boîte aux lettres fonctionnelle (comme pour le contrôle des naissances, activation (ou non) des permis de conduire, rationnement de l'électricité, vérification du système de crédit social et aux différents accès et privilèges sociaux, activation des QR codes sanitaires et de vaccination, accès aux comptes bancaires et à l'avoir digital (pour le limiter), autorisation de voyage à l'extérieur du périmètre imposé).

Avec l'ensemble de ces « dogmes » qui échafaudent et accommodent une cohérence, aussi loufoque soit-elle, ceci pourrait déboucher sur une idéologie dominante, qui par la suite, pourrait faire hégémonie.

C'est bien dans cette transformation félonne, que le danger majeur se situe.

# L'homme se robotise et le robot s'humanise

Vers la crainte de s'exprimer…

Que ce soit sur le lieu de travail, dans les commerces, à la réception de l'hôtel ou du restaurant, ou pire encore au club sportif, où l'on pouvait auparavant socialiser et relâcher sa vigilance, le management a fait comprendre aux employés de se taire, et d'accomplir exclusivement leurs tâches sur l'ordinateur, sans s'impliquer socialement dans l'environnement, sans regarder aux alentours, en ignorant le client en quête d'informations, ou de demande de prix.

Avec cette vision inhumaine, et en l'absence de communication, c'est évident que l'on préfère avoir à faire à un robot (agent conversationnel) aux allures extérieures sympathiques, souriant et initiant un chatbot artificiel, plutôt qu'une humaine silencieuse aux allures repoussantes. Le sacro-saint principe de l'isolement règne partout dans la société.

C'est un dérivé de la doxa ne visant pas uniquement à isoler l'individu, mais également à le contrôler en évitant qu'il communique, ou qu'il puisse prendre plaisir dans ses activités, ce qui serait synonyme de liberté excessive et de baisse de « productivité dans ses fonctions de routine ». Je n'ai pas parler de rendement, car en fait il n'y a plus de rendement dans le sens classique du terme, puisque plus de questionnement. Il s'agit uniquement de contribuer avec des actes mécaniques dans une fonction de servitude, en étant réduit au rang de simple chose, sans dimension anthropomorphique ni de singularité humaine apportant un sens, et sans raison au sens philosophique de la vertu de l'âme.

Ce qui était précédemment avéré comme une valeur essentielle avec l'intersubjectivité, la conscience de notre relation au monde avec la présence d'autrui, est dorénavant pénalisée et presque sanctionnée, et dans tous les cas, très mal venue. L'échange constructif d'idées n'est plus en effet indiqué, car pourrait remettre en question, inquiéter et menacer l'idée imposée par la direction.

Chaque mini process doit être validé par un contrôle digital d'une application ou via des plateformes de gestion, comme le contrôle de la sortie du super marché avec la lecture du code QR ou code-barres imprimé sur le ticket). La sympathie, l'empathie, le contact humain et les dimensions d'altérité (de relation aux autres) dans un univers social, sont considérés comme des rapports douteux et peu professionnels, dénotant une faiblesse par rapport à la nouvelle idéologie en place.

On n'attend plus de l'individu qu'il réponde comme un humain en développant un narratif, mais plutôt comme un robot sans émotion, et dialoguant avec le moins de mots possibles. Cela évite des ennuis, et le prix à payer est le désintéressement de l'employé, l'augmentation de sa frustration, et de son taux d'absentéisme. Le management ne manquera pas d'entretenir la concurrence en mettant les individus en compétition (faisant de l'autre un ennemi), entretenant la méfiance, plutôt que de privilégier l'émulation, qui fédérait les talents, conjuguant les forces pour un projet commun.

Un tel management, basé sur le contrôle, s'oriente vers une déshumanisation des rapports humains.

# Quelques outils de leurre

Un rituel très à la mode installé ces dernières années, consiste à effectuer en fin ou en début de réunion, le célèbre « Tour de table » afin de familiariser les participants des différents problèmes, et parfois de faire durer la réunion le plus longtemps possible (on n'a jamais compris l'utilité). En fait, le tour de table se révèle être d'une très faible valeur ajoutée, car les décisions sont déjà prises avant même de débattre sur les sujets. La réunion ne sert à partager tout ce que l'on sait déjà. Certains mauvais leaders excellent dans la spécialité de s'entendre parler avec le nez dans l'ordinateur en tournant leur cuillère dans leur tasse de café longuement, pour s'aligner dans un conformisme qui plonge l'auditoire pendant une heure dans un profond sommeil.

Les employés, stressés, considèrent cela plutôt comme une évaluation de la part de leur hiérarchie, et donc perdent du temps à bien préparer leur présentation, qui prévaut sur le véritable travail. C'est de l'ordre du cosmétique visant à donner une visibilité et un justificatif au management, qui prétend garder le contrôle de la situation.

# Le bonheurisme forcé, échec managérial

S'il est vrai que l'individu passe un nombre d'heures considérable au travail, ce n'est pas pour autant qu'il se sent comme à la maison.

Certes, le fait de pouvoir emmener quelques objets personnels (ballon de baseball, trophée, ou diplôme) et d'afficher quelques photos de famille lui permet de se réassurer, ou de s'accrocher lors de situations difficiles, mais est-ce pour autant nécessaire d'infantiliser le lieu de travail en créant une salle avec un baby-foot ?

L'épanouissement au travail a été substitué par ce « bonheurisme » forcé à travers l'évaluation de la qualité de vie au travail (création de postes de managers QVT), une nouvelle discipline reconnue et imposée, visant à occuper un ingénieur de conception à jouer au ping-pong (alors qu'il n'a pas été recruté pour cela), à passer du temps au baby-foot, à la salle de détente, ou à contempler les plantes vertes pendant sa pause déjeuner, dans le patio à l'entrée du building. Le haut management, cet employeur philanthrope en a décidé ainsi, pour imposer le bonheur à ses employés à travers ces pratiques ludiques, croyant, ou faisant semblant de croire que celui-ci serait plus heureux, et que l'entreprise serait l'endroit idéal pour lui pour s'épanouir pendant sa journée de travail. C'est la béatitude automatisée.

Transposer le jeu dans la réalité est une aberration, ce sont deux mondes différents avec des variables différentes et non transposables, et dans des environnements non comparables avec des interactivités spécifiques.

On tente d'instrumentaliser le bonheur dans un souci d'améliorer les performances, mais cela n'est pas si simple, car si on a pu se distraire en pensant à autre chose pendant une demi-heure, soit, cela a vidé son esprit, mais cela veut dire que l'on a laissé ses problèmes au vestiaire un court instant, et ils resurgissent dès que l'on a regagné son bureau.

Alors on a pensé aux activités extérieures à l'entreprise. Pourquoi ne pas faire sauter vos ingénieurs en parachute, à les faire arpenter une montagne ou plonger dans une rivière froide, ou encore en les poussant à 200 km/h sur un circuit automobile ? A part faire monter leur dose d'adrénaline, ou de les envoyer à l'hôpital, il n'y a aucun rapport avec leurs activités au quotidien.

L'argumentation du bien-être pour autrui n'est pas toujours une bonne chose, et cela peut introduire des biais beaucoup plus nuisibles pour la performance de l'individu, par exemple en se sentant complètement ridicule en s'exhibant, ou en montrant ses faiblesses sportives devant ses collègues, en jouant au kicker, alors que la personne est un ingénieur remarquable (peut être obèse et peu enclin à la pratique sportive) dans ses fonctions. Il éprouvera une angoisse à chaque obligation d'accomplir sa tâche sociale et cela nuira à son état d'esprit. On enregistre d'ailleurs une augmentation du bore-out (cette démotivation et lassitude), burnout avec beaucoup plus de maladies professionnelles, et du brown-out, ou baisse de tension (extinction des feux avec une démission intérieure).

Ses structures et programmes de détentes ne remplaceront jamais la confiance, l'initiative d'équipe, les échanges constructifs, et l'intelligence critique aboutissant sur les progrès, et surtout sur le sentiment de satisfaction d'un job bien accompli, qui pousse les employés à se dépasser davantage la prochaine fois, en satisfaisant le besoin primaire de reconnaissance.

L'employé attend plutôt sur son lieu de travail de la reconnaissance, de l'appréciation, de la communication, de l'échange, de l'attention, de la construction à travers un esprit d'équipe.

On a changé le paradigme du réel pour l'exporter en mode ludique, en modifiant les variables pour créer un monde virtuel semblant contenir des éléments de bonheur. Cette transposition reste bien artificielle, et ne va en rien améliorer les relations de travail, ou résoudre les problématiques de communication une fois la partie de jeu terminé. Le cerveau fait la différence entre les deux modes et ne calque pas le mode de fonctionnement de l'un sur l'autre.

Le bonheurisme auquel l'employé est forcé d'adhérer est devenu une escroquerie de développement personnel. L'employeur le force à être heureux, sous peine d'être catalogué comme asocial, rebelle, non coopératif, irresponsable, ou pire encore agressif en rejetant ces disciplines qui ont été pourtant décidées pour leur bien-être par des « coachs expérimentés » venant d'organismes prestigieux de l'extérieur et que l'on a payés très cher pour l'occasion.

En revanche, les Chinois font de multiples pauses pendant la journée (dès l'enseignement secondaire) afin de se défouler à l'extérieur avec des séances de Qi Gong ou de gymnastique collective, visant à faire circuler les énergies bloquées et à restimuler l'intérêt pour le travail. Il n'y a pas à proprement parler d'échanges entre personnes, mais une libération d'énergie individuelle qui augmente réellement les performances.

L'individu est en perte de repères, alors on lui donne des balises comportementales comme cadre de performance (des méthodes) qu'il suit tant bien que mal sans savoir vraiment le pourquoi des choses. Il devient l'individu qui doit pousser sur le bouton vert toutes les heures, sinon il sera blâmé.

# Découplage

L'individu ne sait plus se raccrocher à rien, et ne croit plus en rien… Il se retrouve très seul.  En fait, la méthodologie est perverse. Elle vise le découplage de l'individu avec sa réalité d'humain. En réduisant l'humain à des méthodes et à des procédures, on le déshumanise en lui enlevant ce qui faisait justement sa richesse et sa personnalité avec ses valeurs, bases de ses comportements intelligents.

On a appliqué à l'homme le même principe que celui de la gestion des choses (hors de tout contexte émotionnel), et l'on a mis une croix sur l'administration des personnes ne considérant plus l'homme comme autonome et responsable, avec ses particularités humaines et capacités relationnelles avec son alter ego.

Le « bonjour », « je vous souhaite une agréable journée », « profitez-en bien », « passez un agréable moment », « puis-je vous aider », ou encore afficher un sourire en guise d'invitation à la conversation, tout ceci a été remplacé par des individus rebutants, la mine déconfite, considérant les gens comme des objets, pouvant décourager n'importe qui à poser une question.

C'est bien non seulement une faute morale, mais un manque cruel à l'éthique de bienséance de la compagnie.

Cette personne n'est pas à sa place.

# Réduire le gap

En fait le but est de réduire le  gap  entre cet individu déshumanisé, désincarné et décapé de son apparence humaine, et une personne-machine ou un agent-conversationnel qui sera perçu comme beaucoup plus sympathique et serviable, le remplaçant avantageusement, si même complètement irresponsable, insensible, et totalement désintéressé de votre situation.

Les notions comme le feed-back s'estompent pour faire place à une forme de monologue de la part de la Présidence ou de la Direction avec aucune interaction possible. Mais vous pourrez toujours laisser un commentaire sur le site, commentaire qui ne sera jamais lu par personne.

Il n'y a plus de transparence dans la priorité ni dans la prise de décision, et souvent l'employé apprend les informations par la presse ou par ses voisins qui l'interrogent le soir à la maison sur certaines actualités.

La communication interne au sujet des nouvelles orientations n'assure plus la liaison avec le staff sur la substance de ces nouvelles initiatives.

On se cache dorénavant derrière des formules, des procédures aberrantes, des instructions générales, ou des applications complexifiées à l'excès, pour des tâches de base afin de mieux faire abstraction de l'individu et de tout objectif sensé. On parle parfois de management 2.0 annonçant la fin des institutions telles que nous les connaissons.

Cela correspond certainement à l'utopie de la vision du monde dystopique de Klaus Schwab du World Economic Forum, telle celle prônée dans son « Great Reset » avec la castration des caractéristiques de l'homme et avec sa seule contribution pour alimenter le système totalitariste de contrôle mis en place.

En plus général, nous sommes gouvernés par une structure de commandement abstraite, où les grandes abstractions ont pris le pouvoir. La bureaucratie a été étoffée et rendue confuse délibérément pour rendre la distance plus conséquence et imperméable entre l'organisme concerné et l'origine de la demande. Si la traduction première de la pratique du « beef-up » signifie étoffer en ajoutant du support pour améliorer l'efficacité, les juristes ont pourtant pris l'habitude d'appliquer le principe du beef-up pour diluer le message clair trop synthétisé (en un seul paragraphe), en lui appliquant un narratif (sur une dizaine de pages) qui va noyer l'information en la scindant la plupart du temps en différents thèmes, ou en la localisant dans différents endroits pour la rendre incompréhensible dans ses premières lectures.

Seule la personne ayant fragmenté le texte sera encore capable d'en comprendre la signification première.

L'humain avec sa singularité, n'occupe certainement plus sa place, ni au centre ni ailleurs… En fait on valorise plutôt le collectif, car la singularité de l'individu peut inquiéter et remettre en cause les décisions managériales. On se repose plus sur l'effet de masse qui va suivre et appliquer les décisions sans réagir. Cela devient même une imposture (ou une stratégie de sabotage) de placer le collectif partout avec ses schèmes d'action préfabriqués, car on tombe dans le consensualisme pour ne pas déplaire aux autres, soit pour se couvrir, ou soit pour ne pas se démarquer en les choquant avec une opinion différente. On préfère ne pas la dire.

Statistiquement le collectif va jusqu'à générer des décisions absurdes et des choix incompatibles avec le but poursuivi. C'est aussi un moyen pour le manager de se déresponsabiliser. À défaut de preuve d'innovation et d'initiations, le bureaucratisme induisant la complexité, est la mise à mort de l'organisation, venant d'un état d'esprit profond d'un courant marqué par la prolifération des peurs.

Nous vivons une époque d'angoissés à tous les niveaux et il nous faut retrouver un monde merveilleux au travail (la cancel culture et le wokisme veulent nier le réel, et ce qui s'est passé dans l'histoire en se figeant dans un extrémisme idéologique). La peur est mauvaise conseillère, et a eu comme conséquence la mise en place de normes comportementales obligeantes, et ceci pour imposer des instructions pour tout procéduriser et contrôler avec l'étouffement de l'état d'esprit d'explorateur. Ceci conduit à l'idéologie de l'accumulation des process débilitant, entraînant des réflexes de comportements automatisés, et ôtant les capacités critiques et le bon sens. On a mis l'individu sous tutelle, car le process a pris le pas sur l'esprit et l'action de l'individu, et où la prise de risque et l'incertitude sont bannies. En plus comme il n'y a plus de vrais leaders charismatiques (car cela ne s'apprend pas), la Direction préfère le contrôle plutôt que l'autorité assumée, faute de respect, d'admiration et de compétence envers le vrai leader. Cette gestion ne contribue plus à l'élévation de l'individu en faisant surgir des compétences nouvelles.

S'il y a des évaluations ou des questionnaires visant à évaluer le bonheur au travail, ce n'est certainement pas pour changer quoi que ce soit, mais plutôt servir de justificatif à la Direction comme quoi ils ont bien fait.

On est loin de l'état positivisme de Auguste Comte qui focalise sur ce qui est utile, réel et concret. Actuellement, on tend à supprimer les affects des individus, leur été d'esprit avec une humeur ou une sensation qui pourrait les motiver.

On nous prépare une transition qui sera plus facilement acceptée, faute de mieux. Elle sera vécue presque comme un soulagement, de pouvoir retrouver un sourire sur une peau de plastique avec une voix douce et pleine de fausse empathie, articulée par un amas de ferrailles et de câbles électriques.

# L'intelligence artificielle et les RH

Les développements en intelligence artificielle ont fait d'immenses progrès avec les derniers robots, et sont toujours à la recherche de perfectibilité. Les machines « deep-learning » ont permis aux robots d'oublier leurs voix nasillardes et saccadées des premières versions.

Cela a permis des échantillonnages beaucoup plus larges et permet même un début de compréhension d'un ensemble de phrases signifiant la même chose, mais possédant des tournures différentes (tournant à l'entour du pot sans une signification directe). Le robot peut même faire semblant de compatir s'il détecte de la tristesse dans la parole, mais ne possède pas de l'émotivité ou des sentiments. Il reste un tas de ferraille avant tout. Par contre, il semble être capable d'apprendre lui-même des choses et d'enrichir son vocabulaire et son potentiel de compréhension.

En quoi l'IA peut-elle fournir des expériences personnalisées et interactives aux personnes, comme des chatbots, ces agents-conversationnels qui répondent à leurs questions et les guident tout au long du processus de questionnement ?

Cela donne l'illusion que la « personne-machine » pense par un dialogue sensé. Si cela peut améliorer l'engagement et créer une impression positive de l'entreprise, le dialogue est très limité et finalement remplace seulement les options limitées A, B et C pour lesquels il fallait auparavant, pousser sur le bouton 1, 2 ou 3 de notre Smartphone.

Certes, l'IA peut prendre des décisions fondées sur les données, ou plutôt peut prendre le contrôle de ce qu'elle pense être correct d'après sa programmation.
L'IA peut analyser de grands volumes de données RH pour fournir des informations sur les performances des employés, les taux de rotation, les besoins en formation et les niveaux d'engagement. Ces analyses peuvent éclairer la prise de décision stratégique et aider à optimiser les politiques et pratiques RH en déresponsabilisant le service. Ici commence pourtant déjà le danger de déléguer des prises de décisions à une autorité qui ne serait pas humaine.

Engagement et fidélisation des employés : L'IA peut surveiller les sentiments et les niveaux d'engagement des employés grâce à l'analyse des sentiments (vrais ou faux), aux sondages d'opinion (vrais ou faux) et à l'analyse des retours d'information. ChatGPT vous dira que ces informations peuvent être utilisées pour répondre de manière proactive aux préoccupations, identifier les domaines à améliorer et concevoir des interventions ciblées afin d'accroître la satisfaction et la fidélisation des employés.

Cela fait penser à un monde tout rose ou tout est fait pour votre bonheur et améliorer vos conditions de vie au travail. Ce serait stupide de prétendre le contraire.

Le manager devrait pourtant être impliqué et acquérir des compétences en matière d'analyse de données, de comprendre les algorithmes d'IA et de conserver une touche humaine dans les domaines qui nécessitent de l'empathie et de l'intuition. Qui pourrait mieux comprendre le sentiment ou le ressenti qu'un employé peut ressentir via son entreprise ? Un robot ou un humain ? Par définition, un ressenti est quelque chose que l'on exprime difficilement et pas toujours directement. Il est perceptible par quelqu'un capable de ressentir la même chose et câblé neurologiquement pour percevoir la même sensation. Cela ne se chiffre pas toujours de 1 à 10 sur une échelle, ou à l'aide de probabilités décisionnelles comme dans l'IA. L'humain possède des nuances, un feeling et au final une impression qui n'est pas quantifiable.

Si dans l'ensemble, l'IA a le potentiel de rationaliser les processus RH, d'améliorer la prise de décision et l'expérience des employés, ce que je doute, il est important de trouver un équilibre entre l'automatisation et l'interaction humaine, en veillant à ce que l'IA complète et non remplace le jugement et l'empathie de l'homme.

L'intelligence artificielle repose sur des algorithmes préprogrammés par l'homme, qui ne sont pas vraiment neutres. Ils sont orientés en fonction d'un but déterminé qui n'est peut-être pas en faveur de l'individu, et sont dès lors biaisés dès leurs créations. Une rapide interrogation à propos d'un « leader corrompu » bien connu actuellement, et de ses affiliations passées au parti nazi (et de toute sa famille allemande), génère une réponse intègre, vierge de tout soupçon, le complimentant pour ses qualités de leader et surtout que cela pourrait entraîner des préjudices envers cette personne, du fait de le disgracier en remuant son passé controversé, alors que les faits sont bien là. Ce biais que j'ai testé personnellement est malsain et répond à un agenda bien évidemment en répondant à une doxa, cette fois sous une variante déclinée de la militarisation de l'information, technique utilisée par les médias pour parler d'une seule voix, censurée et contrôlée par les grands groupes comme Bertelsmann[7].

Le piège serait de faire une confiance aveugle ou pire encore scientifique, dans les renseignements que ChatGPT vous livre en les puisant on ne sait où, et d'une fiabilité très moyenne.

Certaines compagnies comme Metaverse, ayant créé un espace virtuel fictif, collectif et partagé (immersif en combinant le monde réel et virtuel), n'hésitent pas à commercialiser leur environnement, comme le casque d'Apple Vision pro pour 3500 USD afin de vous propulser dans la réalité augmentée (spatial computing), pour augmenter votre productivité pendant 2 heures (la durée des pilles). Ne piétinez pas votre chien dans la réalité, en le prenant pour l'icône de l'Apple store ou de l'iTunes, et évitez de cuisiner pendant que le portrait de votre belle-mère à pris toute la place du mur de la cuisine. En retirant le casque, la réalité vous rappellera quand même qu'il est temps de passer l'aspirateur sur le sol.

---

[7] *La plus grande entreprise des médias du monde opérant également sur le secteur tertiaire ainsi que étonnement sur celui de l'enseignement.*

# L'IA dans l'espionnage moderne

Les Smart phones ont toujours été le système électronique contenant le plus d'informations à dérober pour apprendre beaucoup de choses sur son propriétaire et sur les personnes faisant partie de vos contacts. Ainsi, Pegasus a été développé en 2013 par la compagnie israélienne NSO Group pour pénétrer les Smartphones fonctionnant sous la plateforme IOS et Android.

Jusqu'à 2016, personne ne soupçonnait encore son existence et il avait été développé au départ pour lutter contre le terrorisme et le crime organisé. Il utilise les failles de système d'exploitation, mais son développement continue d'évoluer. L'installation du payload (la partie opérative du logiciel espion) peut se faire par plusieurs moyens : par spearphishing, via un mail ou un SMS piégé à partir d'une station du travail contenant un lien de redirection qui pointe vers l'un des serveurs web de l'infrastructure cloud (AWS d'Amazon et de OVH22 pour l'Europe), par radio communication (zero click sans aucune action de l'utilisateur via WhatsApp, iMessage ou Apple music), par émetteur récepteur près du terminal, ou manuellement dans les mains du « Tech Guy ». Le serveur web redirige la victime ensuite vers le serveur d'infection qui va exécuter l'attaque.

Installé à distance sur un appareil, il a accès à tout (mot de passe, photos, fichiers, etc.) et également à tous les systèmes de sécurité. Il peut écouter les enregistrements audios, activer la caméra et le micro, ou encore la géolocalisation. Il peut photographier l'écran et capter tous les caractères saisis à l'écran.

Il fait partie des armes de guerre (weaponization) contemporaines. Il peut accéder aux données publiées sur les réseaux sociaux, accéder aux historiques de consultation internet, retracer les itinéraires de l'utilisateur, capter les données de WhatsApp, Skype, Gmail ou Facebook.

Vous désirez l'obtenir pour espionner le voisin ?

Pas si simple, car sa vente est normalement réglementée et sa licence (25000 dollars) en plus de 500000 dollars de frais d'installation et d'un forfait de 650000 dollars pour 10 téléphones, est attribuée par le Ministère de la Défense en Israël, qui s'engage à la seulement délivrer si l'acheteur est de bonne foi et signe un papier. En pratique il n'y aura plus jamais de vérifications. La condition « Sine qua non » est qu'il ne doit pas cibler les USA, le Canada, l'Australie, le Royaume-Uni et la Nouvelle-Zélande.

Les victimes surveillées ont été recensées parmi environ 190 journalistes, des défenseurs de droit de l'homme, des dirigeants d'entreprise, des politiciens, membres de gouvernement, commissaires européens ou chefs d'État, si même l'entreprise revendique une utilisation légale de cette technologie à des fins d'enquêtes criminelles par les agences de renseignement étatiques ou de dictature. Le but de la surveillance est de nature politique.

Il utilise un chiffrement pour se protéger des logiciels des outils de sécurité. Il dispose d'un mécanisme de surveillance et d'autodestruction. Il reste furtif et se loge dans la mémoire vive et non dans la mémoire morte. La détection de l'infection requiert une analyse technique par des experts. On a enregistré environ 1400 infections dans WhatsApp au départ d'un simple appel même laissé sans réponse. iMessage serait également compromis.

On peut évaluer à une quarantaine le nombre de clients étatiques travaillant avec Israël pour pouvoir bénéficier des licences d'exportation du logiciel espion.

Parmi ceux connus, l'Allemagne, l'Espagne dès 2015 pour lutter contre le mouvement indépendantiste catalan, l'Arabie saoudite, l'Azerbaïdjan, le Barheïn, les Émirats arabes unis, la Hongrie, l'Inde, le Kazakhstan, le Maroc, le Mexique, le Panama, la Pologne, le Rwanda, le Ghana, le Togo et le Salvador. La France n'aurait soi-disant pas été intéressée.

La police fédérale américaine (FBI) a fait en 2019 l'acquisition d'une version du puissant logiciel espion Pegasus, avec une infrastructure technique adaptée à l'espionnage américain (version Phantom).

Réfléchissez lorsque vous entendrez un léger « clic » suspect dans votre communication ou au début de celle-ci, ou si vous verrez un flash de l'écran qui indique qu'une photo a été prise de l'écran de votre Smartphone…

# La place de l'homme

Autrefois, l'homme s'était construit un but dans la vie, celui de réussir professionnellement, d'avoir un salaire équivalent à son niveau de qualification ou de contribution, et de pouvoir fonder une famille avec le concept social qui l'accompagne (maison, voiture(s) et vacances).

Dans cette ère sociétale où le management s'est assombri pour satisfaire des critères parfois occultés par une culture de non-communication, le bonheur au travail est devenu un leurre où l'individu se perd facilement.

Son intelligence ne trouve plus le chemin de la pensée logique. On lui impose des multiples visions alternatives et chemins ambigus qui engourdissent son intelligence. Le but de l'organisation ou de l'institution n'est plus celui qui régissait auparavant le fameux « mission statement » qui était le dénominateur commun de tous les employés ou fonctionnaires.

Les chartes éthiques, reprises comme conclusion de séminaires très onéreux du High et Middle management dans les hôtels de la capitale (déléguer le travail, responsabiliser les subalternes, collaborer et échanger les idées, expliquer et relayer clairement les messages des Directeurs, prendre en compte le retour de l'expérience, le faux principe Win-Win qui permet de perdre en pensant gagner, etc.) figurant sur des grands posters dans le couloir, n'ont servi qu'à alimenter les rires des employés au vu des résultats non existants, que les séminaires relatifs à ces chartes ont eu comme impact sur les managers.

Quand tout va mal, le manager annonce en début de réunion le tristement célèbre : « great ! », histoire de déculpabiliser, ou en étant supporté par son Xanax, le support infaillible de la déculpabilisation et de la déconnexion absolue.

# La stratégie du remplacement

Qu'est-ce que cela révèle de notre société ? On vise à humaniser le robot et à déshumaniser l'humain. Y a-t-il une logique ? Peut-être le but est-il de faire une transition entre l'humain et le robot avec un effet passerelle en favorisant l'accueil de ce dernier, et en le considérant comme plus humain, et donc comme un soulagement. Serait-ce une phase de transition organisée avec l'IA ? En fait, c'est une arme de « Soft Power » favorisant la transition.

La tendance est bien de dénigrer toutes les valeurs connectées de l'humain en ciselant toutes les caractéristiques et les comportements de leur origine, pour en faire une espèce d'inventaire de recettes comportementales, ou encore un catalogue de valeurs déconnectées de tout que l'on va exploiter en dehors de leur véritable contexte, leur enlevant toute signification.

Ce comportement se reflète dans toutes les sphères de l'existence et jusqu'au club sportif où la réceptionniste glamour a fait place à une horrible bonne femme grassouillette, et peu sympathique n'invitant absolument personne à poser la moindre question. Effectivement, on serait enclin à préférer un robot sexy à sa place.

L'humain est à la dérive en perdant son authenticité. Son manque de rattachements à des valeurs, à des comportements qui ont établi son identité personnelle, à ses habitudes conviviales, aux marques d'évolutions fiables et reconnues, est dorénavant un réel handicap à son épanouissement.

En résultent des mouvements fantaisistes qui représentent en fait une forte intolérance au nom de valeurs soi-disant progressistes, et une dictature des minorités, comme le wokisme et le cancel culture, qui sont une nouvelle idéologie de fracture sociale avec la culture de l'annulation. Cela n'ouvre pas de nouvelles portes sur quoi que ce soit, mais se trouve être une justification pitoyable au fait que ces gens n'ont pas eu la capacité de s'adapter à la société et à ses institutions. Ce sont les éléments de rejet de la société bien organisée.

En leur accordant une importance non justifiée, c'est la déconstruction de l'humain qui va fragmenter la société.

Quelque part, c'est le but recherché par la gouvernance mondiale, et les individus concernés (7%), en croyant voir le pouvoir de leur catégorie marginale augmenter, sont juste de pauvres victimes manipulées et utilisées pour l'accomplissement à leur insu d'un autre objectif bien plus malicieux. Bref, on instrumentalise leur malheur avec une certaine perversité, plutôt que de les soigner et de leur porter une assistance dont ils ont grandement besoin. En fait, on leur fait croire qu'on les déculpabilise en légitimant leurs déviances sexuelles.

Le wokisme représente un dénigrement général et une formalisation du rejet, en voyant cela comme une nouvelle qualité. Le statut de victime devient une ressource sociale. Les mots, par contre, ne sont jamais innocents et entraînent des comportements en réaction. Cela fait partie du Soft Power américain d'avoir introduit cela, et malheureusement, il ne faut pas le sous-estimer.

Je me suis fait confirmer par un artisan chocolatier que dorénavant il n'a plus le droit de parler de chocolat noir, mais bien de chocolat fondant. Plutôt que de verser dans la version d'un monde piloté par des dingues complexés, je pense qu'il est temps d'interdire l'accès aux chocolateries pour ces représentants de ces minorités sociales, car les chocolateries étaient bien avant eux, et ces marginaux disparaîtront bientôt dans des asiles psychiatriques quand leur temps de représentation théâtrale sera terminé.

En 1800 au Danemark, en Autriche (avec les Schokokuss), en Allemagne (avec les Negerkuss), et en Suisse (avec les Mohrenkopf), on parlait de têtes de nègres pour désigner cette confiserie ronde sur base de meringue (marshmallow), entourée de coulis de chocolat noir.

J'imagine que le radicalisme de ces communautés tribales a sévi rapidement pour protester contre le nom de cette confiserie qui a fait le bonheur des enfants (peut-être pas des enfants africains qui n'avaient pas de chocolat). Du coup, changeons l'histoire, et profitons pour éliminer Christophe

Colomb des cours d'histoire, en le remplaçant éventuellement par l'histoire des Drag-queens qui n'intéressent personne, des homosexuels depuis l'antiquité, et des représentants de ces catégories marginales lgbtqia+, que l'on aurait certainement persécutés ou brûlés vifs au moyen-âge (considérés comme possédés et sous l'emprise des démons).

Pour reprendre le danger évoqué par Éric Zemmour, la décadence que l'on ne voit pas venir (sans tomber dans une conjoncture raciste), est fondée sur le triptyque suivant : d'abord la dérision semblant ridicule, ensuite la déconstruction paraissant encore anodine, et enfin la destruction sans possibilité de retour en arrière.

# La question du néo-institutionnalisme ou le contournement des règles dans le social

On peut presque parler actuellement d'un courant de pensée sur le rôle des organisations et sur leur caractère régulateur, même si historiquement trois écoles s'affrontaient et divergeaient sur plusieurs aspects.

Utilisé avant tout en Science politique, le terme néo-institutionnalisme évoque une perspective théorique qui allègue de l'espoir, mais avec des problèmes qu'il fait naître en réponse aux rôles joués par les institutions dans le domaine social, politique et économique.

Les procédures, les codes culturels, l'éthique de fonctionnement, les conventions, les protocoles, les normes officielles inhérents à la structure organisationnelle des institutions, tout semble être actuellement altéré, en souffrance, et subitement remis en question. Au nom de quoi ou de qui ? Le système a pris les institutions en otages, et ces dernières restent impuissantes et muettes, comme soumises à un nouveau code de conduite qui leur est imposé.

Au niveau de l'analyse cognitive, le comportement humain est instrumental. Les individus cherchent à maximiser leur réussite, et adoptent un choix existentiel, préférentiel et stratégique, à travers une vision du monde (peut-être biaisée) à un certain moment qui leur est propre [8], suite à une interprétation d'une situation avec leur monde de perception, leurs filtres d'interprétation (par les symboles, scénarios et protocoles), et au travers de leur niveau de compréhension et d'éducation.

On cherche des réponses nouvelles à des anciennes questions concernant la façon dont les choix sociaux, culturels, sexuels sont façonnés par les institutions.

Une autre branche de réflexion vient d'univers intellectuels avec les apports de l'anthropologie éclairant la façon dont le sens est socialement construit : le moi, l'action sociale, l'État et la citoyenneté sont façonnés par des dispositifs institutionnels, que l'on pourrait remettre en question.

---

[8] *Ce moment déclencheur peut être un conflit, un ras-le-bol, des mouvements inflationnistes insurmontables, des clivages politiques, des répressions économiques, une révolution des mœurs, des déclarations sur de nouvelles mesures politiques inacceptables pour la population, etc.*

# Le moment présent

Je renvoie mes lecteurs dans mon ouvrage précédent[9] pour traiter de l'importance de vivre le moment présent, de comprendre la compassion envers soi-même (sa place dans le cosmos), et de prendre conscience de la spiritualité dans l'éveil. Trouver sa juste place dans le cosmos, la compassion, est une ouverture et pas seulement une introspection en solitaire. En fait c'est l'interconnexion des deux approches.

Gnôthi seauton, la célèbre maxime « connais-toi toi-même » de Socrate, gravée à l'entrée du temple d'Apollon à Delphes, constitue l'un des piliers de la philosophie, car elle invite à comprendre comment nous fonctionnons en faisant de notre pensée, de notre être et de notre réflexion un sujet d'interrogation. La démarche de compréhension de soi, mène à la compréhension du monde.

---

[9] *La voie de l'accomplissement aujourd'hui – la révélation de la dernière pièce du puzzle (Amazon.fr).*

Or on fait absolument l'inverse en divertissant l'homme et en le détournant (en le piégeant à travers des applications « débiles ») de sa destinée. On en arrive à une société remplie d'angoissés, avec une prolifération de peurs.

On n'a plus confiance dans ce que comment l'humain pourrait gérer la société. On préfère déléguer à l'intelligence artificielle notre avenir, c'est moins stressant en n'assumant plus la prise de décisions. On ne veut plus prendre un risque en entreprenant des actions courageuses.

En revanche, ces technologies peuvent amener l'humanité à s'anéantir, car derrière l'apprentissage de l'IA se trouve une intelligence naturelle qui la guide. Cette IA ne puise pas ses connaissances historiques sur Wikipédia, mais constitue un ramassis de connaissances collectées sur Google (connaissances vraies ou biaisées, voire erronées). Cela représente un grand danger que l'on ne voit pas venir. L'IA, qui se fait la porte-parole d'une volonté qui renie toute forme de culture, comme le wokisme, impose sa doxa en termes d'intentions futuristes correspondant à la tendance court-termiste, et satisfaisant aux objectifs de certaines grandes multinationales qui ont investi dans le transhumanisme, et le contrôle sur les gènes de l'individu.

De fait, pour voir s'accomplir cet agenda, il n'est plus nécessaire de s'appuyer ni sur de l'humain ni sur de la culture qui a pourtant assuré la croissance et la prospérité de celui-ci. Le wokisme et le cancel-culture sont bien en vogue, pour ne pas dire installée en place par l'élite dirigeante, et relayés par les algorithmes de cette IA. L'individu ne voit pas venir le jour où l'IA sera autre chose qu'un simple système utile comme ChatGPT ou la plateforme Midjourney pour lui taper une lettre, lui livrer un article ou lui créer une vidéo de son "branding". Celle-ci remplacera insidieusement l'homme (et la femme) par des créatures sans genre, et finira non seulement par le contrôler, mais à le supplanter en faisant hégémonie en représentant le dogme dans le processus décisionnel, et en se justifiant sur base de ce qu'on lui a appris. Ici, l'abstraction du processus de décision sera telle qu'il n'y aura pas moyen de contester la décision, l'origine de celle-ci, et la base sur laquelle l'IA se fonde pour imposer sa loi dans les divers processus de la société.

Couplé à tout cela, l'accès aux bases de données reprenant vos données à caractère personnelles[10], constituant le modèle de crédit chinois, dictera sa loi en vous contrôlant dans vos comportements, en vous retirant des points de crédit au besoin, vous limitant ainsi dans vos déplacements (pas de sortie du pays) ou dans vos actions sociales (pas de prêt bancaire, amendes et travaux de réinsertion, pas d'accès à certains événements ni à certains endroits publiques, pas de possibilité d'achat de billets de train, suppression de certains réseaux sociaux et autres).

L'humain ne deviendra qu'une « intention ou action », sans sexe, sans authenticité et sans émotion. Il contribuera au système sans activer ses capacités humaines, et encore moins de réflexion ni de pertinence.

---

[10] *Bases de Données déjà transmises aux consortiums américains (laboratoires pharmaceutiques) par la Présidence de la CE sur base du justificatif d'un même combat (différent d'une vente d'affaires en réalité), et ce, en violation de la Directive européenne du RGPD créée par ses pairs.*

Il sera peut-être l'élément pour valider le choix « a » ou le choix « b » suivant son niveau de privilèges dans le système.

# Agitation stérile

Dans les institutions, les employés ou les fonctionnaires s'agitent et dissipent leurs énergies dans des process… On utilise des programmes et des applications obligatoires pour tout et n'importe quoi. On ne demande plus d'être créatif, ingénieux, responsable, ou tout simplement génial et inventif pour apporter une solution adéquate à un problème.

On ne solutionne plus le problème, on le dilue jusqu'à sa prétendue disparition à travers plusieurs services. La tâche principale des administrateurs lobotomisés consiste à alimenter des processus d'approbation dont le choix est dicté à l'avance. En fait, cette perte de responsabilité les réconforte, et les emprisonne de plus en plus dans ce système, où il devient impossible de penser en dehors de celui-ci (think outside the box).

On délivre dès lors, de la logique préprogrammée [11], l'intelligence humaine se robotise en se désincarnant de tout, on devient limité dans ses choix, et conditionné par la doxa de l'organisation. Le process dispense l'individu à penser, on a des normes comportementales omniprésentes dans l'institution (des balises de guidage), pour aller à la cantine, pour taper une lettre, pour les réunions, pour s'absenter une heure, etc. Le process devient prioritaire sur son sens, qui est oublié et passe au second plan.

---

[11] *Ce n'est plus de l'intelligence à proprement parlé, car on est soumis à valider un nombre de choix limités déjà pré-décidés.*

# Les mots ne sont que des mots...

On a tendance à jouer sur les mots quand il s'agit de s'impliquer dans n'importe quel domaine. Le nominisme, cette nouvelle science de formulation du langage, prend de l'importance, car elle sert dorénavant, non plus à nommer les choses précisément comme cela devrait l'être, mais à se cacher derrière des vocables qui englobent beaucoup de choses de façon à répandre l'incertitude, ou d'utiliser des mots complexes dont la signification dans le jargon, ne donne pas un sens direct et que tout le monde comprend.

Cette nouvelle science de l'expression utilisée dans une stratégie de déresponsabilisation, vise encore une fois la déconnexion, ou le découplement entre le message qui devrait être impactant, et sa perception par l'individu laissé à lui-même dans le doute et l'incompréhension.

# Les violences verbales... en réaction à quoi ?

Les violences verbales sont considérées par certaines autorités comme une décivilisation, plutôt que de voir dans les propos une alerte, ou une tentative de rétablissement de vérités ou d'actions bafouées. On dit qu'aucune violence n'est légitime, mais que reste-t-il comme recours pour le travailleur ou l'individu lambda afin de s'exprimer si les règles de vie en commun sont hypothéquées, et que leur droit à la parole ne compte pas ?

En fait, les griefs vis-à-vis des violences verbales visent l'absence de critiques (de réactions), et tentent de légitimer encore une fois la militarisation de l'information en imposant une doxa unique inattaquable relayée par les médias. Est-ce préférable de piller des magasins ou d'incendier les voitures pour se faire entendre ? Mais qui est encore à l'écoute du citoyen ?

Les médias sont souvent source de provocation en se focalisant sur un acte indigne faisant sursauter l'opinion publique, et voir se déverser une quantité de commentaires hargneux envers l'auteur des actes. Il suffit de voir les réactions contre Bill Gates ou Bezos quand ceux-ci annoncent l'avenir avec leurs succédanés malsains de viande ou de lait maternel, en abolissant la consommation de viande de bœuf, ou en mettant sur le marché de la poudre de lait maternel douteuse et sans le colostrum indispensable pour le bébé. Cela appelle directement à la réaction verbale virulente, et c'est bien normal de réagir contre la fabrication de ces dangereux produits. Idem lorsque Fauci, Bourlat et Bancel font encore une propagande controversée (pour ne pas dire mensongère) à propos des pseudo-vaccins, en dépit des nombreuses preuves accablantes de leur inefficacité et de leur toxicité. Trop c'est trop…

De quel instrument l'individu dispose-t-il encore pour s'opposer à ces ignominies, si ce n'est qu'au travers d'une critique verbale sur les réseaux sociaux (qui sont là justement comme lieu d'échange d'opinions), qui est proportionnée par rapport au niveau de l'outrage de l'annonce ? Il faudrait introduire ici une notion de respect envers les citoyens que les dirigeants ne respectent plus du tout. Il y a une profonde déconnexion entre la rhétorique de la gouvernance imposant des principes utopiques, et la vie d'un État ou d'une nation composée d'une population d'individus qui doivent avoir la possibilité de vivre (et non de survivre), et de s'épanouir dans une société digne de ce nom. La réprimande et l'instauration d'une idée au nom d'un idéal collectif suprême (doctrine au régime totalitaire) sans possibilité de contestation, font cruellement penser à un ancien régime du passé qui a alimenté nos livres d'histoire.

# Ou sont passés l'humain et ses initiatives ?

Déjà Napoleon Hill préconisait en 1930 d'associer la pensée à l'action[12] comme gage de réussite et de changement afin que les projets puissent avoir une chance de s'accomplir. L'action de l'individu, après l'avoir bien pensée, suppose une part de risque, après l'avoir réduite au maximum. On a donné du sens à ce que l'on fait, et l'on a confiance dans l'aboutissement. C'est cela qui, en fin de journée, procure notre satisfaction d'un job bien fait. À l'inverse du process (aucune confiance), l'exécution d'un programme automatique n'est pas de l'action, c'est un geste mécanique à répétition, et qui n'implique aucune émotion humaine. Ne gaspille-t-on pas nos facultés de jugement et notre efficacité, ces mêmes facultés qui sont la résultante de beaucoup d'années d'études et qui ont été peaufinées au fil des expériences de la vie ?

---

[12] *En Anglais, emotion (le sentiment de ressenti et de savoir comment réagir) vient de (e) + (motion) signifiant action, d'où la connexion entre les deux.*

On attend du « cadre » (en fait, on ne parle plus de cadre actuellement, pour mieux se débarrasser des notions intellectuelles qui lui sont généralement associées), qu'il ne réfléchisse plus par lui-même, mais qu'il soit le garant d'application de procédures générales et toutes faites. Il n'y a plus d'action stratégique à envisager, même pas dans le contexte de la guerre en Ukraine, où les décisions de frappes sont prises par un logiciel d'intelligence artificielle, la plateforme Palantir, utilisant la prédiction et le jugement, faute de compétence des dirigeants militaires actuels. La distance avec le terrain rend la prise de décision pour le « Chef d'État » plus facile, en se retrouvant aux manettes d'un jeu vidéo, sans voir devant lui, la souffrance du peuple ni d'entendre ses cris de désespoir.

C'est à celui qui investira pour avoir le plus d'options dans le logiciel qu'appartiendra sans doute la victoire… Pourtant les aléas auront toujours leur importance, et pourront retourner complètement une situation que l'IA n'aura pas prise en compte, où qu'elle aura évalué avec une probabilité de survenance de 0,8 %.

La vie n'est pas figée, et est constituée d'autres choses que de prévisions. On rebondit chaque seconde qui passe, et on interagit en répondant aux émotions qui nous envahissent en permanence, de circonstances attendues en événements divers et non prévus.

# Les outils du management qui font transpirer…

assons brièvement en revue les nouvelles pratiques qui altèrent le progrès dans les différentes institutions !

Les sacro-saintes réunions prolifèrent, pour servir de justificatif au haut et moyen management, et n'apportent aucune valeur ajoutée (60 % des réunions ne servent à rien), si ce n'est que la direction générale peut se justifier ainsi de la transparence de sa communication.

Attardons-nous sur un cas concret. Pendant plus de trois semaines, le sujet principal d'un agenda d'une réunion concernait la réalisation de l'événement social (étude approfondie du menu du restaurant à la dégustation des vins en passant par la visite d'un endroit qui embêtait tout le monde). Cette discussion prenait plus de 40 minutes, soit la moitié du temps de la réunion hebdomadaire, alors que le dossier brûlant sur un sujet de sécurité nucléaire n'était pas évoqué, sous prétexte qu'on en reparlerait ultérieurement, ou en tête à tête, car le sujet était vraiment trop dérangeant pour ce manager incompétent. En fait, le sujet a été postposé deux fois par la suite. Entre-temps, l'agenda évoluait avec d'autres choses prioritaires plus agréables à discuter (le bien-être au bureau), et le sujet important finissait par être rayé de l'agenda.

Ce manager finira par être promu par sa Direction, même en dépit de ses interventions loufoques, et contradictoires annihilant toute probabilité de résultats positifs, et visant à explorer mille et une pistes inutiles s'éloignant du sujet, et pour mieux l'enterrer.

En fait, plus les idées sont farfelues et ne tiennent pas la route, plus cela impressionne la direction qui n'ose pas faire obstacle (faute parfois également de compétence à saisir les subtilités dans le domaine spécifique), et donc finit par accorder son support pour en finir avec l'idée et avec l'individu. La Direction se débarrasse de cette façon de son problème à elle, sans rien régler du tout.

Cela nous montre bien la déconnexion entre les différents niveaux de la pyramide managériale, avec des objectifs bien différents et une absence totale de vision commune. Les messages philosophiques, relayés avec une approche Top-Down sont là en bonne figuration comme étant des justificatifs d'un management bien pensé, mais sont bafoués en permanence dans la réalité.

La notion du Kick-off meeting est apparue d'ici il y a peu. C'est en quelque sorte la façon de remettre de l'ordre dans les idées et de s'aligner sur les objectifs à poursuivre. On pourrait le caricaturer en disant que c'est le premier brouillon qui sert à défricher le terrain et la problématique.

Souvent il manque de contenu et il faudra le réajuster de toute urgence. Vous allez me dire que c'est à cela que le meeting sert, sauf qu'avec cet artifice, cela permet de gagner du temps, et c'est un emballage que l'on expose comme justificatif du futur développement, excluant des points peut êtres plus importants que l'on ne développera plus jamais par la suite. C'est une ligne de conduite figée à laquelle on va s'y tenir ne permettant que rarement une certaine marge de manœuvre. C'est un outil qui peut être contre-productif.

Les tours de table avec la présentation de l'intervenant, de ses fonctions et de la problématique du moment expriment souvent la difficulté de prendre des décisions, exposant la crainte du risque. On fait des réunions pour se rassurer et partager les responsabilités. Ce même tour de table peut servir au management pour évaluer plus souvent l'intervenant, que d'écouter ses propos. D'ailleurs, il arrive fréquemment que le discours de l'intervenant ne soit pas entendu par les participants, discutant d'autres choses entre eux. La dérive est que l'intervenant passe plus de temps à préparer sa présentation dans un souci de bien performer, plutôt que d'allouer son énergie et son temps au véritable problème devant trouver une solution.

Le management devient une idéologie confortable pour se rassurer. Le management actuel, contrairement aux messages rhétoriques dont ils font un usage répété, est une technique des relations humaines qui déshumanise, qui désenchante et qui empêche la spontanéité en la figeant.

# La crise des valeurs et de la confiance

La société actuelle n'est pas un modèle où s'épanouir, et où trouver les meilleurs exemples. En général, on vit une crise de sens avec une non-implication de l'individu au processus, un désenchantement du monde face à l'absence de responsabilité de la société qui ne répond plus aux attentes du citoyen, avec l'absence de guide spirituel et culturel face aux nouvelles croyances (wokisme, cancel culture et lgbtqia+), et un retrait progressif des croyances religieuses. L'individu a perdu la foi.

La politique est le pire des domaines, où la pratique de la dichotomie (entre ce que je fais et ce que je dis de faire) est omniprésente. La science politique qui nous servait de guide en nous expliquant ses objectifs pour le bien-être du citoyen s'est brusquement transformée en relayant des messages qui ne nous parlent plus.

La perte de confiance est totale et la fracture sociétale avec ses pertes de repères, avec ses incertitudes, est bien là pour nous le rappeler tous les jours. La menace de la structure de base de la société est réelle.

Le baromètre social montre le paroxysme des souffrances et des contradictions, avec l'effacement des frontières organisationnelles. La crise, par définition est la rupture d'équilibre.

Nous sommes le témoin d'explosions de violences et de révoltes de la part du peuple en colère.

# La mondialisation et l'absence de repères

L'élite dirigeante en a décidé ainsi, et le mouvement de la mondialisation s'est mis en marche, balayant tout sur son passage, nos valeurs, nos croyances, nos connaissances et notre expérience acquise tout au long d'une vie et d'une carrière.

Ces changements rapides se trouvent sans fondement et ne trouvent pas de justification à nos yeux. Évidemment que cela relève d'une stratégie malicieuse pour répondre au besoin de la mondialisation, de changer la société actuelle avec ses règles de fonctionnement, et de diluer les valeurs sociétales. S'il n'est pas évident d'attribuer du sens à ces changements, il est très difficile d'adhérer à ces nouveaux systèmes. La confiance est remplacée par le doute, et de raison. Ne plus pouvoir répondre à la question pourquoi je fais cela, entraîne une déshumanisation, on ne voit plus la finalité, on rentre dans une logique procédurale, on le fait parce qu'il faut le faire. Cela ankylose les intelligences. On se mécanise et l'humain s'artificialise comme de l'intelligence artificielle.

On répond avec une réponse déjà préparée (parfois insensée), et cela dispense de devoir réfléchir et de prendre du recul. Le process dispense l'esprit à penser. On ne se sent plus responsable ni impliqué dans quoi que ce soit.

L'humain donne un sens à la situation qu'il vit, c'est une création qui façonne la perception (définit la façon dont nous la voyons personnellement), et bâtit nos croyances (de l'utile et de l'inutile, du bien et du mal). Cela représente nos fondements (nos connaissances et nos acquis) pour aller plus loin dans notre évolution.

On a rendu délibérément la société docile et craintive, au nom de la santé face à l'épidémie créée de toutes pièces (c'était l'utilisation de l'instrument fallacieux de la vaccination) pour institutionnaliser une nouvelle norme civique, et influencer nos comportements sociaux en les limitant et les contrôlant.

La crise existentielle, comme vue en psychologie par Erik Erikson désigne l'incapacité pour l'ego d'avoir une identité qui lui est propre. L'individu se fond à la masse et ne se distingue plus de son voisin. Il se pose des questions à propos d'où sont passées ses valeurs, sa passion et ses croyances spirituelles.

Il perd son référentiel, ses anciens schémas mentaux de réflexion, et tout ce qu'il croyait acquis (sa zone de confort) se volatilise. Il reste suspendu sans plus avoir des réponses à ses questions, et ne parvient plus à visualiser les objectifs à suivre qui donnaient auparavant un sens à sa vie.

# Crise de sens

Bien souvent, le déficit d'adhésion aux objectifs des organismes ne relève pas exclusivement de la responsabilité des employés. De multiples contradictions remettent le sens en question, et ce à plusieurs niveaux. À défaut d'un tout cohérent, le cadre de référence s'effrite, l'individu se désolidarise, et ne s'identifie plus au projet, car il ne sait plus justifier ses actions. La force d'action en est cruellement affectée.

Il n'y a plus de principe de causalité si l'individu ne sait plus relier les pratiques et comprendre ce que l'on attend de lui. Il ne va plus faire d'efforts ni de sacrifices pour un but qui n'est pas clair ou auquel il ne confère plus de légitimité à la suite d'une réforme ou d'une restructuration. Il se sent même trahi, car il pense que l'institution n'a plus besoin de lui. Il ne trouve plus sa place.

La non-communication et la distanciation du top management y est pour beaucoup. C'est devenu chacun pour soi, et l'individu perd sa singularité et sa motivation, faute d'implication valorisante.

Donner du sens, c'est permettre à chacun et à chacune d'occuper sa place, d'assumer ses responsabilités pour avancer ensemble dans la même direction et avec le même enthousiasme.

# La pensée des philosophes

Le philosophe Emmanuel Kant ennoblit la raison humaine et considère que l'on travaille pour l'estime de soi, et que dès lors, le travail est un facteur d'accomplissement personnel.

Au contraire, réduire le travail à sa dimension économique (tendance actuelle), et ne le considérer qu'au travers d'un ensemble de tâches (parfois même non corrélées) à effectuer en le soustrayant à son environnement de son exécution (affectif, relationnel et émotionnel), dévalorise complètement l'individu et l'isole.

L'idéologie que ce dernier devient de moins en moins maître de son destin professionnel devient un lieu commun et dé-fidélise l'individu de son employeur, faute de reconnaissance de son mérite par ce nouveau système inhumain.

Où est donc passé ce que les psychologues nomment les ressorts psychologiques de l'action humaine ?

En l'absence de ceux-ci, le résultat ne sera pas à la hauteur de l'espérance. Pour que l'individu puisse donner du sens dans son action au travail, il doit pouvoir reconnaître au sein de son institution une raison d'être et avoir une vision claire du but poursuivi par celle-ci. Parfois, un décalage entre la vision cohérente de l'employé et une vision biaisée de son administration, si elle est corrompue par exemple, peut détruire son ambition.

Pablo Casals, violoncelliste et chef d'orchestre, disait :

*« J'ai le sentiment que la capacité de se sentir concerné est ce qui donne à la vie son sens le plus profond ».*

# Il y a tendances et tendances...

Normalement, la raison d'être devrait se traduire par un « mission statement » clair, concis et précis (la vocation de pourquoi on fait telle ou telle chose), et la vision de l'entreprise devrait donner la direction (où l'on va à l'aide de logos par exemple).

Ceci devrait constituer le ciment qui lie sur la durée les individus dans un investissement affectif (mêmes défis, mêmes intérêts). Le problème réside justement dans le fait que les managers n'ont pas du tout les mêmes intérêts que les employés, car ils marquent la distance dans la non-communication, et sont dorénavant poussés par un « self-centered » intérêt plus en rapport avec leur carrière que l'intérêt général de l'organisation.

La tendance pour les Directeurs (trices) Généraux est de s'entourer de pions inutiles, de personnes n'apportant aucune valeur ajoutée, mais qui leur seront redevables plus tard par reconnaissance et fidélité. C'est une façon, ou plutôt une stratégie grotesque de ces Directeurs de se protéger en créant un filet de sécurité, plus difficile à détruire. Ils pourront également rejeter la responsabilité sur ces mêmes personnes, prétendant ne pas être impliqués dans ces prises de décisions.

Dans la même lignée des absurdités, on assiste à une éclosion de bons nombres de « Bulshit jobs », traduits par métiers non nécessaires (tâches superficielles, inutiles, infantilisantes et vides de sens). Ils sont créés et architecturés de sorte de détourner l'attention ailleurs, et pour canaliser ce qui restait de l'intelligence humaine à travers des tunnels de processus, menant tous à la même finalité, une finalité réductrice de la fonction humaine.

Simples dans leur conception, ils monopolisent l'attention de ce qu'on appelait précédemment les cadres. Cette nouvelle génération de cadres s'ancre dans des process à la fois obligatoires et rassurants, pour les verrouiller dans un mode de pensée, qui les lie à ces nouvelles fonctions, et interdit toute autre forme de pensée. On les dépouille ainsi de leur liberté de pensée créatrice.

On gagne du temps pour postposer ou oublier les problèmes principaux avec des diversions agréables pour ces nouveaux cadres, qui doivent dorénavant juste acquiescer, valider ou « ticker » les cases proposées par les applications digitales. Je les appelle les nouveaux idiots lobotomisés et dévitalisés de leur énergie créatrice par la pratique, incapables d'émettre une opinion propre ou de réfléchir par eux-mêmes. Si la plateforme ne propose pas « cette option », alors on ne va même pas y consacrer du temps pour y réfléchir. On a affaire à un processus de résignation, de démission, et de laisser-faire.

Je me rappelle d'un chef carriériste et pistonné par des instances politiques, me disant systématiquement, cela vient d'où, face à mes nouvelles approches stratégiques ?

Habitué à des copier-coller (plagiés) de sources publiées, il était totalement incapable, et il ne pouvait même plus concevoir que quelqu'un puisse élaborer quelque chose d'inédit et de neuf. Il en était réduit dans son travail quotidien à rassembler et copier des concepts déjà utilisés et validés précédemment, et surtout sans innover. Un robot doté d'intelligence artificielle pourrait sans aucun problème mieux faire sans doute le job de ce manager, en puisant dans sa base de données les informations précédemment utilisées sans aucune créativité ni réelle intelligence. Cela en était d'ailleurs devenu la ligne directrice de toute la Direction par la suite : ne pas innover et s'appuyer exclusivement sur les concepts du passé approuvés, même si les situations avaient évolué entre-temps.

Quel avenir attribuer à une telle organisation ? Juste une survie passagère probablement.

Un exercice de team building vécu avait commencé par la distribution d'un questionnaire anodin dans le bus nous conduisant sur le lieu de l'exercice dans le pays voisin à deux heures de route. La correction de l'exercice avec intervention des jeux de rôle avait mis en évidence qu'un autre manager de l'époque n'avait aucune qualité de management (jugée inférieure à la moyenne par le coach professionnel) alors que deux autres individus possédaient des scores au-dessus de la moyenne.

Devinez la suite ! Le plus mal noté a fini sa carrière comme Directeur Général en étant conformisme (en n'assumant rien du tout et en ne répondant que très rarement à son courriel, afin de ne jamais s'engager dans aucune activité), et les deux individus ont été mis dans des voies de garage pour ne pas perturber le fonctionnement du service, avec des idées jugées trop ambitieuses, et pouvant contrarier le fonctionnement du service.

Telle est la réalité de terrain et cruelle du fonctionnement des organisations et de leurs managements fantaisistes, qui deviennent une fabrique de gens inutiles, et bientôt remplaçables par des chatboot.

# Échec d'une idéologie

On aura privilégié l'idéologie du contrôle, de la surveillance, et de la peur du blâme. Dans les années 90 [13] (en 1964 aux États-Unis avec le designer Robert Probst pour l'entreprise Herma Miller, et ensuite en Europe vers 1980), on pensait renforcer les liens sur le lieu de travail en instituant le concept des openspace, qui représentaient une surface de travail en éliminant les cloisons entre les bureaux, la configuration de ceux-ci pouvant être modulable.

La tendance actuelle est celle du Flex-Office, où les bureaux ne sont plus alloués à l'individu (sans bureau fixe) dans un but de flexibilité et d'économie. Il faut juste

---

[13] *Les frères Eberhard et Wolfgang Schnelle, deux consultants allemands dans les années 1950.*

annoncer sa présence et un système attribue le bureau dans le département.

En réalité, on a vu augmenter l'émergence de risques psychosociaux avec la réduction de moments et d'espaces de convivialité entre collègues (suppression des cafétérias et restaurants), et la décroissance de la productivité. L'individu a besoin non seulement de privatiser son environnement de travail, mais de s'assurer de pouvoir se réfugier dans un espace protégé pour gérer ses émotions, ses besoins de confidentialité dans ses communications, et son besoin de concentration (en l'absence de nuisances sonores importantes). Il est tout naturel qu'il cherche des murs pour se protéger. S'il ne trouve pas une protection dans la présence de murs physiques, il les installera dans son esprit.

Il s'isolera derrière des montagnes de dossiers, derrière des plantes vertes ou en mettant des écouteurs. Une étude révélera que 76 % des travailleurs américains détestent l'openspace. La médecine du travail recensera une augmentation de l'obésité et des cas de dépression pour les travailleurs en openspace.

Ironiquement, on note que pour communiquer dans les openspace, les individus s'envoient des mails (augmentation de 56 %) plutôt que de communiquer verbalement en face à face (réduction de 72 %). L'Université de Harvard constate que l'efficacité n'est pas améliorée, car le travailleur ne se sent pas rassuré, et est habité constamment par une crainte d'être surveillé, et d'être à la merci d'un blâme éventuel. Les employés se plaignent également du bruit. L'individu ne sera donc pas en mesure de délivrer le meilleur de lui-même.

Indirectement, on peut dire qu'avec cette configuration, même en présentiel, le lien social n'est pas convaincant. Le lien social est donc encore plus mauvais dans cette configuration ouverte. Les psychologues sociaux et de l'environnement du travail affirment que la suppression des limites spatiales peut diminuer la collaboration et l'intelligence collective. On constate l'échec de la suppression des murs.

Une deuxième étude[14] de Ethan Bernstein et Stephen Turban de l'Université de Harvard, montre que l'architecture ouverte a semblé déclencher une réaction humaine naturelle pour se retirer socialement de ses espaces et interagir plutôt sur le courrier électronique et la messagerie instantanée.

IBM a vite compris cela, et est revenu après 3 ans à une configuration des bureaux conventionnelle avec « murs et portes », suite à la baisse de productivité, de l'accroissement de l'absentéisme, de l'augmentation de la fatigue au fil du temps, et du manque de concentration au travail. L'openspace est pathogène.

La convivialité d'un service ou d'une unité, qui vise les rapports entre personnes, qui favorise la tolérance et les échanges réciproques, est justement au cœur de l'établissement de relations de confiance entre individus appartenant à la même entreprise. C'est ce sentiment d'appartenance (cf. Culture japonaise) et de fierté qui

---

[14] *Etude « The impact of the 'open' space on human collaboration » publiée dans The Royal Society, juillet 2018.*
*(https://royalsocietypublishing.org/doi/10.1098/rstb.2017.0239)*

poussera le cadre à dépasser ses limites dans l'intérêt de l'institution.

L'idéologie de la peur crée une approche sclérotique, on ne confronte plus les opinions, car on les considère comme des conflits. Or le sens ne se trouve que dans la confrontation des points de vue. Dorénavant, on ne demande surtout pas aux employés de conduire des réflexions.

# Les présentations en souffrance

Des présentations « PowerPoint » avec leur quantité de texte illisible, n'apportent rien, à part de l'ennui. Steve Job, passé maître dans la communication lors de ses Keynotes d'Apple en utilisant des slogans pour graver les idées, révélait qu'il ne fallait pas plus de 3 bullets par slide (3 messages clés) avec un maximum de deux phrases, sinon le reste était oublié de toute façon.

Il enchaînait ses slides avec des images percutantes et des métaphores bien plus parlantes, illustrant son speech. Deux minutes au maximum de projections vidéo par sujet pour engager l'audience par rapport à leur demande (pas par rapport à son produit). Il fallait identifier le besoin des clients.

Le secret est de créer une histoire (storytelling) avec un ennemi commun, et ensuite apporter la solution, énumérer les bénéfices, pourquoi vous en avez besoin, et ensuite envoyer « a call for action » (en acheter un à la sortie).

Les immenses tableaux présentant les statistiques et les nombres sont anesthésiants, car on sait que le cerveau ne survit plus après 10 minutes de présentations de faits.

Soyez un visionnaire ! Il faut donner du sens à ses choix en reliant les points pour dessiner l'histoire, utilisez des formules proactives, travaillez votre enthousiasme pour communiquer votre passion, soyez totalement convaincu pour transmettre votre émotion, ayez une vision claire !

Gardez le meilleur pour la fin, Steve Job avec son incomparable « one more thing ... » gardait le meilleur pour la fin en créant le buzz, et en introduisant un nouvel appareil révolutionnaire répondant à toutes vos attentes.

C'était l'opposé de Gates avec ses listes à puces interminables, et ses logos et graphes incompréhensibles qui fatiguaient tout le monde. Le génie est incomparable bien évidemment.

Le lieu de travail n'offre plus le nid où foisonnaient les idées de génie, et d'où émanaient des innovations qui allaient garantir le succès de la boîte pendant de longues années.

La façon de gérer l'humain que l'on appelle « management moderne » est totalement inefficace et s'inspire de méthodes qui répandent la peur pour faire douter l'individu, à l'inverse de le rassurer. On utilise le contrôle permanent en faisant pointer l'individu, et en le rappelant régulièrement à l'ordre pour telle ou telle procédure à exécuter, faute de pouvoir faire mieux. La Direction pense ainsi avoir optimalisé son pouvoir de gestion. Il devient évident que pour remédier à cette déchéance du système, on trouvera l'introduction de l'IA formidable et en plus les systèmes de l'IA ne tomberont pas malades, ni en dépression ni en burnout.

Le dogme en vogue est de se reposer sur l'intelligence artificielle. Celle-ci va envahir tous les domaines dès le plus jeune âge. J'ai déjà parlé précédemment de l'ouverture d'esprit qui est indispensable à l'épanouissement de l'être humain, alors que cet avenir dystopique que nous promet Klaus Schwab est tout le contraire, à savoir transformer l'humain en le réduisant à un rôle de subalterne et exécutant de simples tâches sans vraiment de processus de réflexion à la clé.

« LES ESPRITS SONT COMME LES PARACHUTES, ILS FONCTIONNENT MIEUX LORSQU'ILS SONT OUVERTS »

*-Lord Thomas Dewar*

# Hérédité sociale, conditionnement et lgbtqia+

Cela nous ramène quelques années en arrière, en 1914 plus précisément, où les Allemands avaient imbibé leur génération de jeunes, dès leur plus jeune âge, de la « Kultur », qui allait les conditionner à se sentir supérieurs à toute autre nation.

Que retirer de ce conditionnement ?

L'hérédité sociale est façonnée par l'école, l'église et la presse. Ces trois forces ont été imposées concomitamment en une seule génération, à l'esprit de la jeunesse de façon si efficace, qu'elle n'a pas pu y résister.

On sait que c'est justement jusqu'à 12 ans que l'esprit, davantage plongé dans un état émotionnel, est plus perméable, plus réceptif, et peut être facilement imprégné de toute forme d'influences et de comportements.

L'hérédité sociale est le processus par lequel les jeunes absorbent leurs connaissances de leur environnement et de leur éducation. Elle agit par l'entremise des écoles à travers les cours d'histoire et de morale.

On comprend dès lors l'immense danger de déstabilisation de l'enfant suite à des lectures dans les écoles, faites par des transgenres ou des membres LGBTQIA+. Cela ne fait de toute façon pas partie du programme national de l'éducation normalement. Tout ceci semble être relié à une stratégie globale, ou répondant à un modus operandi savamment pensé à sa base.

Ce n'est non plus très surprenant que de découvrir que la Fondation de Bill Gates offre un « gender toolkit », essayant de convaincre l'humanité que le genre est une idéologie construite socialement et culturellement, et non génétique.

Le dérapage est encore une fois bien organisé à la source, et toujours par les mêmes génies ratés. Le genre perdrait-il son sexe ?

Nous naviguons en plein de l'absurde, mais le milliardaire philanthrope compte sur sa propagande folle et insensée, qui se répand comme une traînée de poudre (trouvant le soutien parmi une minorité déstabilisée) en affichant par exemple à NYC des centaines de drapeaux aux couleurs arc-en-ciel, ayant remplacé les drapeaux des nations. C'est en quelque sorte le message dans « l'absurdité commune », qui vise à rayer le concept des différentes nations. C'est un pari global (et un retour sur investissement pour lui et sa fondation), de déstabiliser ainsi le citoyen du monde pour mieux se positionner et le contrôler, peut être en lui proposant l'achat d'hormones sexuelles [15] dans un deuxième temps, pour mieux s'accomplir librement dans sa vie d'LGBQIA+.

L'Amérique voit défiler des Drag-queens (travestis) dans les écoles secondaires et primaires, pour déstabiliser les jeunes à travers des discours inappropriés pour leurs âges. Les parents se mobilisent, mais sont freinés et recadrés par des contrôles de Police, pour leur non-tolérance. No comment sur la Présidence actuelle !

Les nations pourront-elles se relever de tout cela avant d'assister à la dégénérescence totale et irréversible de l'humain ?

---

[15] *Progestérones et œstrogènes fabriqués par ses soins et en vente libre.*

# L'influence de l'IA

L'IA pourrait supplanter l'éducation basée sur les faits historiques, par une autre forme de réalité basée sur des informations dont l'origine (Google) serait plutôt douteuse, et pourrait apporter non seulement un biais, mais une influence suivant le but recherché sur la population.

On pourrait par exemple, à l'image de l'idéal de Kultur (promouvant la fierté nationale et la supériorité de la race) implantée sur les jeunes Allemands, réussir de la même façon, aidé par une presse corrompue et sous-contrôle imposant un certain dogme pour influencer l'opinion publique, à implanter le concept de subordination de l'intérêt individuel à celui d'une autorité supérieure (un état ou un système supra national) avec un esprit de sacrifice. On ferait passer l'intérêt du système avant celui de l'individu. Ceci va toujours dans le même sens que la direction imposée par le totalitarisme du système de Schwab.

# Dignité du travail

La philosophie de la règle d'or si chère à Napoleon Hill (la loi qui unit le genre humain en une confrérie éternelle) nous enseigne qu'il faut faire à autrui ce que l'on aimerait bien qu'il nous fasse. Cela nous reviendra en retour par la loi de l'attraction universelle, et ensuite le dérivatif de cette règle, est que nous récoltons ce que nous semons, par la loi de la compensation.

Ce qui façonne notre caractère est l'ensemble de nos pensées et de nos actions. En conclusion, nous nous orientons à devenir un être meilleur si l'on agit, et si l'on pense en conséquence. À l'inverse, à défaut de pouvoir se situer et trouver notre place dans ce monde, notre caractère s'altère et notre personnalité peut s'éteindre petit à petit, comme la flamme de la bougie qui perd en intensité. Les effets de tout acte de bonté nous sont ajoutés, augmentant le potentiel de notre caractère (comme le pouvoir d'un aimant), comme quand l'on recharge une batterie, qui attirera d'une façon immuable un retour positif pour favoriser la réalisation de votre but et de vos objectifs.

C'était John D. Rockefeller qui disait qu'il avait foi dans la dignité du travail, tant manuel qu'intellectuel, et que le travail doit à chaque individu la possibilité de gagner sa vie.

L'organisation en entreprise vise également l'organisation des forces et les relations entre individus dans la poursuite de leur vie, de leur liberté et aussi subvenir à leurs besoins. Si le patron possède la compétence, si l'on a confiance en lui, et si le respect est mutuel, alors l'enthousiasme enflamme les esprits, et l'individu est prêt à se dépasser dans son travail. On assiste à un effort organisé, garant du succès. On comprend dès lors facilement l'inverse, si le patron maintient une distance et ne se met pas une seconde à la place de ses employés, et si sa compétence est remise en question, que peut-on espérer d'une équipe ?

Dans mon cas personnel, j'ai rencontré un « manager » à un moment de ma vie, qui n'inspirait ni le respect, ni la confiance et encore moins la compétence, vous devinez aisément ma réaction envers lui qui a rapidement dégénéré en conflit très ouvert. En fait, il avait été mis à cette position sans trop comprendre lui-même ce qui lui arrivait, et il ne pouvait certainement pas en assumer le rôle de « manager d'humains ».

Si la solution est bien comprise de tous, l'harmonie surgit du chaos. Sachez que le succès attire le succès et l'échec attire les échecs, c'est dépendant d'une fréquence vibrationnelle qui rentre en résonnance avec le cosmos et attire en retour des événements vibrants à la même fréquence.

Si deux esprits fusionnent en collaborant sur le même problème, alors cette association d'esprit, grâce à l'intervention des forces intangibles de la nature qui constitue la puissance de l'univers, crée un troisième esprit dont la capacité de raisonnement est supérieure à la somme des deux esprits associés. 1 +1 = plus que 2 dans ce cas, c'est ce que l'on nomme le cerveau collectif. Ce n'est pas pour rien que la tendance de faire des groupes de travail a payé à une certaine époque.

J'insiste ici sur l'importance de posséder un but bien défini, car à ce moment, l'esprit va mettre en œuvre des habitudes inconsciences de pensées qui vont non seulement se répéter, mais également cristalliser à divers degrés de permanences (par la fixation des croyances bien ancrées), et en se traduisant en leur équivalent physique au moyen d'une motivation inspirée à l'action. C'est directement lié à la philosophie de notre réalisation professionnelle. Ceci est valable également au niveau du groupe ou des masses.

Vous serez demain là ou vos pensées (par nos habitudes enracinées) vous conduiront, car vous garderez la pleine maîtrise de votre esprit impliquant une détermination et une vigilance de tous les instants. Vous restez un être singulier et agissant, en assumant votre authenticité. Par contre, un navire sans les instructions du Capitaine sur le cap à suivre, va voguer à la dérive, victime des vents dominants (métaphores des courants de pensée des autres personnes) et n'atteindra jamais le rivage (le but poursuivi).

* * *

# Table des matières

# INDEX

# L

l'éthique de bienséance, 32
la spiritualité dans l'éveil, 53
leurre, 25, 45
LGBTQIA+, 8, 90
lieu de travail, 13, 21, 27, 29, 81,
    86
logique procédurale, 71

# M

management 2.0, 34
Memphis Meats, 17
mesures coercitives, 14
Metaverse, 40
métiers non nécessaires, 78
Midjourney, 54
militarisation de l'information, 18
militarisation de l'information, 40,
    61
mise à mort de l'organisation, 35
mission statement, 45, 77
modèle de crédit chinois, 55
moment présent, 53
monde dystopique, 34
mondialisation, 7, 71
monnaie numérique, 14
moustiques génétiquement
    modifiés, 16

# N

Napoleon Hill, 63, 95
ndividu sous tutelle, 36
**néo-institutionnalisme**, 51
nominisme, 13, 59
non-communication, 45, 73, 77
norme civique, 72
normes comportementales, 35, 58

# O

openspace, 81, 82
opinions divergentes, 9
organisation en entreprise, 96
orientations sexuelles, 8

# P

paradigme du réel, 29
Pegasus, 41, 43
pensée créatrice, 78
personne-machine, 33, 38
perte de repères, 12, 30
perte de responsabilité, 57
plateforme Palantir, 64
population marginale, 12
Power to the People, 10
principe de causalité, 73
procédures de contrôle, 7
process, 22, 35, 57, 58, 63, 72, 78
processus d'approbation, 57
processus de résignation, 79
processus décisionnel, 55
prolifération de peurs, 54
prolifération des peurs, 35
puissance de l'univers, 97

# Q

QR codes, 18
QVT, 27

# R

radicalisme, 49
raison d'être, 76, 77
raison humaine, 75
réduire le gap, 33
règle d'or, 95
ressenti, 39